비자(榧子)의 눈물

065
다시올시선

詩

비자(榧子)의 눈물

조영환 시집

2025 ⓒ 조영환

다시올

시인의 말

부끄러운 인생 다시 못살아
어떤 시인은 붓을 꺾는데

봉두난발 청맹과니

없는 길 더듬어 당신께 가려
몽당붓 그저 붙들고 있네

2025년 봄 운정에서
조영환

조영환 『비자의 눈물』
■차례■

■시인의 말 _ 5

1부
사월의 아내

진달래꽃 _ 12
향적봉(香積峰)에서 _ 13
사월의 아내 _ 14
사랑 _ 16
섬·1 _ 17
섬·2 _ 18
벚꽃 _ 20
아내의 눈물 _ 21
부처를 보다 _ 22
그해 겨울의 눈 _ 23
봄밤 _ 24
첫 _ 26
늙은 호박을 보며 _ 27
봄날 _ 28
다시 피는 어머니 _ 29
매화꽃 _ 30
이장(移葬) _ 31
정화수(井華水) _ 32
아니면 _ 34

2부
도란도란

동백꽃·1 _ 36
동백꽃·2 _ 37
시, 임, 시, 임, 해, 서 _ 38
감 _ 39
버찌 _ 40
목련꽃 _ 41
살구꽃 _ 42
도란도란 _ 43
빗수리 _ 44
聖 복실 _ 46
이사(移徙) _ 47
생명, 그 캄캄하게 환한 둥긂 _ 48
말[言]·1 _ 52
말[言]·2 _ 53
말[言]·3 _ 54
동지(冬至) _ 55
강·1 _ 56
강·2 _ 58
새 _ 59

3부
비자(榧子)의 눈물

입동(入冬) _ 62
대명포구에서 _ 63
사리(舍利) _ 64
진눈깨비 오는 시장 _ 65
가을비 _ 66
버들치 _ 67
회양목 _ 68
아까시꽃 _ 69
문(門) _ 70
종이배 _ 72
운주사(雲住寺) _ 74
대게 _ 76
외포항(外浦港)에서 _ 78
세월의 집 _ 79
비자(榧子)의 눈물 _ 80
해피 _ 84
우음도(牛音島) _ 85
남명(南冥) 조식(曺植) _ 86
눈 맞춤 _ 93

4부
밥의 그늘

당신처럼요 _ 96
개심사(開心寺)에서 _ 97
겨울나무 _ 98
푸짐한 밥상 _ 99
어머니 말씀 · 1 _ 100
어머니 말씀 · 2 _ 101
나 좀 살아야 쓰겄네 _ 102
반가사유(半跏思惟) _ 103
천금(天衾) _ 104
강매역(江梅驛) _ 105
회개 · 1   106
회개 · 2 _ 107
보름밤 _ 108
무대 _ 109
등꽃 _ 110
면회 _ 111
밥의 그늘 _ 112
부정(否定) _ 113
화개산(華蓋山)에서 _ 114
임종 _ 115

작품해설
송희복_낱낱이 새롭고 향기로운 벚나무 꽃잎 _ 118

1부
사월의 아내

진달래꽃

한 번도 그대를 안지 못했네
환한 서러움
안기도 전에 마음 가득 물들어

향적봉(香積峰)에서

향적봉에 눈꽃을 보러 갔는데
유백의 순록들만 있더군요
순록의 뿔들만
순록 행렬만 있더군요
아니, 백치들만 있었습니다
머리를 땅속 깊이깊이 처박은 순록들
캄캄하게 내년이나 내후년
나도바람꽃이나 홀아비바람꽃
혹은 잠잠히 세월 잊은
얼레지꽃을 뜯고 있더군요
미동도 하지 않는 것이었어요
…… 간지러웠습니다
더운 콧김이 나를 자꾸 더듬었거든요
티끌 수미산(須彌山)만 한 내 몸뚱어리를
그대가 자꾸 더듬는 것 같았거든요

사월의 아내

아내가 옷장 서랍에 봄옷 정리하다가
문득 눈에 익은 꽃무늬 원피스를 꺼낸다
스무 해 전, 그녀와 처음 만났던
사월 어느 날 벚나무 아래에서
머뭇거리며 사랑을 고백하고
부끄럽게 서로를 안았을 때
그녀가 입었던 꽃무늬 원피스
해마다 사월이면 벚나무가 어김없이
내 기억 속에서 홀연히 꺼내 입는 화사한 그 옷
그러나 어느새 폐경에 접어든
아내는 물끄러미 거울 앞에서
젊은 날이 가뭇없이 빠져나간 꽃무늬 원피스
쓸쓸히 이리저리 몸에 대어 보는 것이다
무심한 척 곁눈질하는 내 눈에는
그녀의 적막한 등이 불현듯
꽃나무처럼 환해지는 것이나
아내는 기억 속 향기를 맡을 때처럼
마음 저릿저릿 아릴 것이다
그러나 아내여, 사월은 가고 벚꽃은 진다고
눈물 글썽이지는 말아다오
낡아 해지는 것은 다만 꽃무늬 원피스뿐
사랑을 고백한 날부터

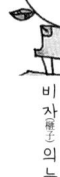

내 생은 이미 수만의 벚나무 꽃잎들
낱낱이 새롭고 향기로운 것이었으니!

사랑

월출산 벼랑에 소나무가
내 마음 천 길 암벽에
소나무가 한 그루 서 있다
천 년의 바람이 불었을 게다
억년의 눈비가 내렸을 게다
억겁 세월 당신은 솔씨처럼
나를 스쳤을 게다
사랑은 어떻게 왔는가

섬·1

詩로 쓰기 전에 섬은 이미 詩입니다
당신을 만나기 전부터
당신이 이미 나의 사랑이었던 것처럼

섬·2

눈 감으면
어느새 고향 집 어두운 방입니다
어릴 적, 자다가 미명에 눈 떠보면
어머니
자다가 다시 눈을 떠도 어머니
기다림을 등대처럼 밝히고
엎드린 어머니
새벽빛 비쳐 드는 창호
5촉 알전구 아래
라디오 낮게 켜 놓고
섬처럼 엎드려
화투패 떼시던 어머니
긴 긴 날숨처럼
시나브로 무너지던 바람벽
살강 위에 정화수 떠 놓고
팔월 공산에
이월 매화 패 기다리던 어머니
흑산도 거문도 앞바다에
파랑주의보 내렸다는
늙은 여자 아나운서 먹빛 목소리
꿈결 속으로 흘러 가위를 누르는데
실눈 뜨고 등대 주위로 몰리는

어린 물살들
눈 감으면 언제나
칠흑 같은
어머니 당신의 기다림 속입니다

벚꽃

벚꽃이 진다 아이들이 벚나무 아래에서

눈송이 같은 꽃잎을 머리 위에 받으려 한다

바람이 분다 꽃잎이 날리고 아내가 웃는다

바람이 불고 꽃잎이 지고 하얗게 아내가

무너져 내린다 비어가는 벚나무

만삭의 북소리 울리던 벚나무가

큰 고요를 이룬다

벚꽃이 진다 꽃잎이 눈 앞을 가린다

눈보라처럼 지는 꽃잎을 사랑이라고 말해 본다

아내의 눈물

아내가 이따금 울 때
슬픔은 눈이 까만 물고기 같다
소리 없이 울고 울다가 드디어
그녀는 물고기를 토해낸다
세월의 뱃속에서 소화되기는커녕
아내의 몸 밖에서 힘차게
지느러미를 퍼덕이는 슬픔들
아내는 목구멍에 손가락을 넣지 않고도
물고기를 꾸역꾸역 토해낸다
잔잔한 아내의 몸 어디에
저렇게 펄펄 뛰는 슬픔이 있었을까
올연히 물길을 따라 번쩍이는
비늘을 드러내는 물고기
감을 줄 모르는 물고기의 눈이
죽음을 잊은 슬픔이 버리다

부처를 보다

　물속 부처를 모신 절*이 있습니다 신라 법흥왕 때 유일이란 목수가 지었다네요 근처에 근사한 절 한 채 짓고 있었는데 홀연 까마귀 떼가 나타나 대팻밥이나 나무 부스러기를 어디론가 자꾸 물어 나르더래요 따라가 보니 연못 속에 부처가 있었다지요 그래서 그곳에 깨달음으로 세운 절이라네요

　저도 물속 부처를 본 적이 있습니다 죄 없이 저에게 억울하게 당한 그대가, 괜찮다고 그건 당신 잘못이 아니라고 나한테 풀어야 할 업(業)이 있어서 그런 거라고, 외려 저를 위해 흘리는 눈물 속에 부처가 들어앉아 있는 것을 보았습니다 저도 아담한 절 한 채 지어야 할 텐데요

* 충북 괴산 쌍곡 사동에 있는 각연사(覺淵寺)

그해 겨울의 눈

하나님을 뵌 적은 없지만
성탄절 가까운 그해 겨울밤
행신동 무원마을
둥지노래방 골목 가로등 아래
송이 눈이 내리는 것을 보았습니다

자동차 경적이 새소리로 피고
눈꽃이 아이 속눈썹을 간질이며 날리는 밤
문구점 앞 불이 환한 인형 뽑기 유리 상자를
들여다보는 뺨이 붉은 아이들

그렇게 하나님이 사람들의 빛으로
얼굴 온통 환하게 물들이며 이 세상을
물끄러미 들여다보고 계실 것 같았습니다

자정 무렵의 공원에 순백의
화음을 입고 서 있는 소나무와 자작나무
사람들은 눈사람을 만들다가
아직 태어나지 않은 아기가 되어
나무 아래에 서 있었습니다

봄밤

탄현(炭峴)은 옛적 숯 굽는 산마루
산 중턱 어디였을까, 연기 가득한 숯가마
아낙은 아궁이 앞에서 그을음처럼 가라앉고
사내는 노새처럼 선 채로 저물었을까
어찌어찌 참 멀리도 흘러왔구나
어찌어찌 숯 굽는 고개에 봄이 오고
봄밤이 오고, 오늘도 내일도 봄밤일 것처럼
막걸리를 사 들고 아내와 어슴푸레
봄밤을 걸어 산발치 공원에 간다
밤하늘에는 별이 없고
별 목련 가지에는 온통 꽃송이 가득한데
아내는 한참 철 지난 유행가를 부르다가
밑도 끝도 없는 지난날을 이야기하고
막걸리 두어 잔에 열린 내 귓바퀴에
홀연히 먼 소쩍새 울음소리 흘러든다
목쉰 듯 검고 눌린 듯 희미한
목탄 토막 같은 소쩍새 울음소리
끝없이 귓속으로 흘러들고
짧은 봄밤을 그림자 설핏 다녀가듯
별 목련 꽃잎이 지고 있다
꽃은 나무가 공중으로 낸 길
꽃잎은 유성처럼 피었다 지고

물샐틈없는 어둠 속에서
나는 눈을 감고 찬찬히 희미해진 아내의
처녀 적 입술과 귓바퀴를 매만진다
숯 굽는 고갯마루 가위눌림 같은
소쩍새 캄캄한 울음을 들여다본다

첫

손옹당이에 받았네 날리는 눈송이
눈물방울처럼 이내 스러졌으나
지울 수 없었네 망막 가득한 눈보라

늙은 호박을 보며

허허벌판 자갈밭 둔덕 마른 풀숲
늙은 호박 하나 앉아 있다
두엄더미나 뒷간 지붕을 넘어
죽은 고욤나무 가시철조망도 아랑곳없이
실낱같은 손아귀로 움켜잡고 휘감아 오르던
그러나 이제는 마른 덩굴마저 작파한
늙은 자궁이 서리 뒤집어쓴 채
고요히 가부좌를 틀고 있다
삼매에 드신 관음처럼
침범 못 할 견고한 몽상에 빠져 있다
벌과 나비 어깨와 머리 위에 띄우고
하늘이 온통 노랗게 꽃씨있을 청상(靑孀)
그렁한 눈 속에 치어 같은 새끼들을 기르며
방바닥에 등 한 번 제대로 눕힐 수 없었던
소슬한 절간인 몸 한 채, 장좌불와(長坐不臥)
봄이 와서 꽃 피는 것이 아니라
꽃이 피어 봄*인 자갈밭에
연꽃처럼, 팔순의 여자, 비로소 피어 있다

* 김홍우 목사의 연경반 강의에서 차용함

봄날

봄볕 투명한 툇마루에 나앉아
어머니 살구나무를 보시네
꽃 피었던 기억 꽃보다 환하게 피우고
개미와 하루살이, 바람과 빗소리의 집이 된
살구나무 고목 물끄러미 보시네
봄볕에, 마당귀에 돋은 명아주 푸른 실핏줄이나
어머니 한 생의 기다림으로 굽어진 등과
슬픔의 뼈까지도 투명하게 비치네
살구꽃 흐드러지던 날 이별이 있어
봄빛은 어머니 눈에 가득하고
그 안에 아득히 살구꽃 피네
옷 보퉁이 가슴에 안은 열네 살 민며느리
내 딸보다도 어린 어머니 눈과
살구나무 아래에서 딸을 보내는
그 아버지 눈에도 봄빛 가득했으리
바람도 없이 살구 꽃잎 흐득흐득 떨어져 내렸으리
시집 온 지 여든 해 북녘 고향길 다시는 못 밟아
어머니 눈 속에는 사시사철 살구꽃 피네
흐드러진 살구꽃 아래 기나긴 이별이 있어
어머니 생은 환한 봄날이네

다시 피는 어머니

꽃 속에 다시 피는 어머니
객지에서 시앗 얻어 살다
돌아와 반신불수 된 아버지
남루한 몸 말없이 부끄러이
안아 씻던 어머니
구순에도 돌아간 아버지 말할 때면
저승꽃 가득한 얼굴에
홍조 피는 어머니

매화꽃
- 작은어머니께

어두운 노래방에서
칠순의 어머니 노래를 하신다
전신마취는커녕 부분마취도 않고
생의 중동이 절단된 늙은 매화나무
유방암 수술 받은 어머니
손자들이 흔드는 탬버린 소리에 춤을 추신다
팔뚝에 링거병 주렁주렁 열린 매화나무
쓸데없이 덜렁대는 유방 한쪽 잘라내
시원하다 웃던 청상(靑裳)의 어머니
파출부로 삼 남매 여의었으나
다만 장가 못 간 둘째 아들 불쌍하다
병실에서 환하게 눈물바람하던 어머니
오늘은 그 아들의 다섯 살짜리 아들이 흔드는
야광 탬버린 소리에
겨드랑이에 귓불에 눈썹과 손톱에
휑한 가슴팍에 매화꽃 핀다
초경을 두어 해 앞둔
손녀의 볼우물이나 비린 거웃 같은 것
홍방울새 소리와 소리
빛 부신 찰랑거림에
어머니도 손자들도 향기처럼 몸이 번져
눈물 반짝이는 한 그루 매화가 핀다

이장(移葬)

구름이 좋아 하늘로 소풍 가서는
돌아오지 않는 아버지
구름 좋은 날
아버지 무덤을 이장(移葬)하네
슬픔도 윽박지르면 구름이 되나
사십 대에 청상(靑孀)된 어머니
치마 뒤집어쓰고
들어가고 싶었다는 저수지
둑방에서 자식들
뭉게구름 같은 밥을 먹네
꾸역꾸역 구름 경전을 읽네
흐린 저수지 수면에 미루나무 힌 그루
둥지로 날아가는 까치 두어 마리
새끼들 깃털 한 올 젖지 않고 날았던 하늘이
어머니 환한 슬픔 속이었나

정화수(井華水)

꽃 피는 물이 정화수뿐이랴

첫새벽 이슬 내린 공원에서
치매 오신 장모님 물 길어 오신다
쭈그렁 배낭에 꿀렁거리는
페트병 가득 담아지고
그믐처럼 제주도 성산포 돌담길 걸어오신다

잉걸불 같은 남편과 세 아들 바다에 여의고
죄도 없이 부끄러워
바닷속으로 자맥질하던 파랑(波浪)의 세월
그미는 유채꽃 같은
딸내미 하나 데리고 물속에서 늙었다

세월은 난바다 파도를 그미의 온몸에 새겼지만
한 동이 생을 지고
한 방울의 물도 흘리지 않은 채
구도자처럼 걸어
드디어 번뇌가 적멸한 이어도에 들었거니

꽃 피는 물이 정화수뿐이랴
알몸에 물미역 같은 바람을 입고

자궁에서 첫 해조음이 피는
그미가 새벽마다 심연에서 길어 올린
정화수로 나는 마른 목을 축인다

아니면

광양 매화마을엔 올해도 어김없이
매화가 피었더이다

골골 첩첩 숫눈 내리어
알싸한 매화 향 온몸 훑어내립디다

그리하여 다시 당신입니다

명지바람처럼
만 리 밖에서도 저를 어루만지던
당신 눈그늘

아니면

저 폭설 같은 매화 꽃잎
사납게 천지 뒤덮은 향기가 제게 무엇인가요

2부

도란도란

동백꽃·1

바람도 없는 사월 중순 대낮
강진 백련사 뒤란 휜칠한 동백나무가
화장대 앞에서 입술연지를 덧칠하고 있다
껑충한 키에 진초록 회장저고리 입은
말상의 서모(庶母)는 단 한 번도
붉은 눈을 누구에게 들킨 적이 없다
한겨울의 동백꽃은
동박새 울음 높이에서 핀다
툭, 툭 검게 타든 눈자위
볕 바른 뒷마당에 떨어지고 있다
동백꽃은 지는 것이 아니라
그저 동백나무가
저 가득한 물 항아리 붉은 물이
바람도 없이 일렁거렸다는 것
당신에게 가는 누군가의 마음도
그저 엎질러진 것은 아닐 것이다
내 눈에 동백나무는 동백나무 이전의 나무이고
나는 비로소 내 물 항아리 연원을 알 수가 없다
물 항아리 물이 일렁거린다
저 동백나무는 물경 사백 년을
새붉게 입술만 덧칠하는 연애를 한다
몸이 잠시의 꿈이 아니라는 듯
아버지의 기억 속에서 진저리처럼 동백이 붉다

동백꽃·2

입춘 마량포 동백정에서
오백 살 먹은 노파들을 보았다
온몸에 새파란 소름 매달고 있었다
눈에서 화톳불 같은 동백꽃
한두 송이 피다가 지고 있었다
화사(花蛇)처럼 얼룩덜룩
마스카라 번들거리는 얼굴들
땅에 져서도 웃고 있었다
미당(未堂)*이 보고 싶었다
동백처럼 바다를 보고 쭈그려 앉아
담배 뻐끔거리는
미당이 보고 싶었다
목쉰 각부* 같은 미당이 보고 싶었다

* 서정주 시인
* 서정주의 '선운사 동구'에서 차용함

시, 임, 시, 임, 해, 서

펄펄 눈 내리는 아버지

시퍼런 울음이 얼어붙은 양수리
독방에 모로 누워 홀로 몸 뒤척이지 못하고
바람벽을 치며 외마디로 울던 아버지

아버지 지금 새벽 두 시예요 제발 잠 좀 주무세요 사람이 잠을 자야 살죠 정말 미치겠어요 밤마다 왜 그러세요

시, 임, 시, 임, 해, 서
시, 임, 시, 임, 해, 서

아버지 물끄러미 말간 눈으로 나를 보며
동생이라 부르며 벌레처럼 꿈틀거리다
고치 같던 몸이 열려 먼 길 가시던 날
온종일 나비처럼 눈꽃이 내려
이승의 발자국들 새하얗게 지우고
까치 소리 환하게 길을 열고 있었습니다

감

강화도 선원사지(禪源寺址)에서
가을날 감나무를 보다
절집 없는 절에 가부좌하고
제 몸 태워 공양하는 부처처럼
감나무 가지에 감들이 환하다
이윽고 당신이 입을 벌려
감을 먹는 눈부심
열반, 부처가 부처를 먹는

버찌

커다란 초식동물이 나뭇잎을 따먹는 줄 알았다

벚나무 가득 버찌가 익은 여름날

벚나무 가지가 심하게 휘어져 움찔거렸다

나뭇잎 사이 덩치 큰 중년 사내가 버찌에 홀려

입술이 온통 검붉게 물든 것도 모르고 있었다

언덕바지에 갈맷빛 가슴 풀어헤친 벚나무

아기에게 젖을 물린 어머니 같았다

목련꽃

동안거(冬安居)
묵언수행 마친
목련 나무

톡, 톡 부딪는 소리 들리더니

홀연히 목련 나무
껍데기를 깨치고 나온 새들

눈과 귓속 환하게 울다
화락천(化樂天)을 날아간다

살구꽃

어이 잊으리, 내 고향
이끼 낀 돌담 너머
화중이네 살구나무를

그믐 같은 가지
툭, 툭 살구꽃 터지는 소리를

초가지붕 사르고
돌담 환하게 넘어
내 눈과 발등에 심장에
서늘하게 타던 살구 꽃불을

그 발밑에 엎드려 절하고 싶던
온몸 불 켠 고목 살구나무를

어이 잊으리, 눈먼 씨받이 소실댁
화중이네 살구나무를!

도란도란

플라타너스 아래
낮은 양철 지붕 과일 가게
다리 절뚝이는 청년
치매 오신 할머니가 과일을 판다
낮은 불빛에 수박과 토마토
참외와 자두, 동그랗고
환한 얼굴들 볼을 맞대고 있다
과육을 한 입
베어 물지 않아도
단내가 길 건너까지 풍긴다
과일이 황홀히 향기롭고
한 생을 버리기 전에
슬프도록 단맛이 깊은 것은
과일도 그 속에 새끼를 품은 까닭일까
아침마다 까치 울고
눈비 사나운 밤
불빛 도란거리는 과일 가게가 있다

빗소리
-사진가 김영갑에게

사진 속에 길이 있어
삭발하듯
늙은 어머니
사랑하는 여자와 연(緣)을 끊었다

납의(衲衣) 대신 사진기 걸치고
제주도로 들어갔다

스물세 해 동안 냉이꽃 같은 셋방에서
때론 라면도 못 먹고 사진만 찍었다

그리고 루게릭병으로 죽었다

비가 오는 제주 산간
하늘과 땅과 바다가 경계 없는
용눈이 오름
너를 부르다
문득 청미래덩굴에 내리는 빗소리 듣는다

구름장에서 손을 놓은 빗방울
이윽고 내리는 소리
눈 반쯤 감고 내리는 소리
눈 반쯤 감고 환하게 내리는 소리

나를 적시지 않고
정수리로 들어와
투명한 소리를 내는

聖 복실

말[言]을 파는 일로 늙은 그의 집에는
꽃 피는 열여섯 복실이가 산다
인간의 나이로는 미수(米壽)*
이빨은 빠져나가고 귀도 먹었다
이름이나 쾌락 얻으려
혹은 가족들 밥을 벌기 위해
허언을 일삼지 않았던
그는 이제 인간의 밥상을 넘보거나
밥을 구걸하지 않는다
거처는 산들바람 부는 암자가 아니지만
배고프면 탁발승처럼
쓰레기통 곁에 쪼그렸던 몸 일으켜
새장 속 새나 화분 속 화초가
한 줌 물이나 햇빛을 시주받듯이
인간이 먹다 남긴 식은 밥 한 덩어리
주린 뱃속에 달게 담는다
정신을 가리기에 너무 헐렁해진
가죽을 납의(衲衣)처럼 두르고
복실이가 깊고 침침해진 눈으로
이따금 나의 눈을 들여다볼 때
나는 인간만이 갈 수 있다는 천국을 부정한다
아니, 인간만이 간다는 천국을 긍정한다

* 미수(米壽) : 88세를 이름

이사(移徙)

묶을 수 없는 짐을 싸다
아파트 베란다에 서본다

호요바람 지으며

그때 눈 아프게 들어오던
머리에 까치집 얹은
껑충한 소나무

주저앉은 채 시퍼렇게 얼어
온몸에 찬 눈 맞던 맥문동(麥門冬)

저물녘 바람 부는 자작나무
우듬지 밟고 흔들리며
쩡쩡하게 울던 직박구리

그 풍경 속에 뛰어내려
큰 짐 이미 이사했으니
밥그릇과 숟가락 남루한 옷
소소한 몇 가지만 꾸리면 되리

생명, 그 캄캄하게 환한 둥긂
- 조각가 문신에게

1. 집이 된 길

그대 아버지 고향은 경상남도 삼천포 모래실
짠물에 쓸리는 맨발 비단 모래
가난한 2만 평 노래 부르는 마을
그대 어머니 고향은 일본국 큐슈 사가현 우쓰시마군
다찌바나촌 귤나무 많은 검은 탄광촌
일제 강점기 조선인 광부 모집 때
그대 아버지 떠꺼머리 단박에 자르고 현해탄 건넜다
그대 귤촌(橘村)에서 태어났다 탄광에서 석탄 캐다
고향 그리우면 만돌린으로 조선 민요 부르던 아버지
일본 말 귤 알갱이처럼 터지는 귤촌 어머니
두 살배기 그대 어머니 등에 업혀 노래를 듣는다
달밤에 광부 아버지 마중 나가는 어머니 등에 업혀 노래를 듣는다

만나고 싶어, 보고 싶어, 무서움도 잊어 어두운 밤길 홀로 가네

그대 두 살에 어머니 등에 업혀 듣던 노래
그대 노래가 된다. 어머니 그리는 평생 노래가 된다
평생 그대 그 길 위에 멈춰 있게 된다

그리하여 그대 어머니라는 집을 잃고
길이 그대 집이 된다
끝없이 어머니 찾아가는 길 끝
세상 모든 길 사라지고 세상 여자도 사라지고
만물의 어머니를 만난다
마산 바닷가에서 뱃고동 소리를 세다가
갯벌에 붐비는 진눈깨비를 세다가
사랑으로 이슬이 내리고
달맞이꽃 무수히 피었다 지고 다시 피는
마산 바닷가에서 우주를 만난다

2. 둥긂에 대하여

어머니는 둥글다
어머니 엉덩이 유방과 자궁은 둥글다
자궁 안 태아도 둥글다.
어머니가 둥근 까닭은
생명을 안기 위함이다
어머니가 둥근 까닭은
어머니의 어머니인 지구가 둥글기 때문이다
둥긂이 둥긂을 낳고

둥긂을 낳는 시간도 둥글다
생명과 생명의 관계도 둥글다.
끌림과 이끌림의 균형은 둥근 궤적을 그린다
사랑은 둥긂이 둥긂 속으로 들어가는 일식
캄캄하게 환한 둥긂이다
그리하여 둥근 우주가
둥근 시간은 팽창한다

3. 돌아가야 한다

무엇 하러 나는 여기까지 와 있는가
검푸르게 번져오는 프랑스 후렛떼의 창고 아틀리에
새벽 유리창 밖, 구마산 선창가 갯벌처럼
새들 날아오른다
돌아가야 한다
마산 추산동 게딱지같은 산동네 판잣집
길이 버린 길 올라가면
한 점 물살 일렁거림도 없이
꿈결처럼 발아래 바다 펼쳐지는 곳
외로움이 외로움에 등을 대 주던
옛집으로, 이제 흑단 같은 여인 손을 잡고

내 나라 첫사랑 두근거리는
아무도 손댈 수 없는 그곳으로 돌아가야 한다
가서, 새로운 태양의 인간을 낳아야 한다

가장 단단한 나무
가장 녹슬지 않는 쇠로
꽃과 백자, 개미와 왕릉
바람과 가야금 소리 섞인 음계 쌓아 올려야 한다
칼날 위의 춤추어야 한다

말[言]·1

누군가는 그것을 도(道)라고 했던
통나무보다 아름다운
음악은 없으리
가장 깊은 소리로 우는
바이올린을 만든다는
로키산맥 해발 삼천오백 미터
수목 한계선
북풍에 온전히 무릎 꿇은 나무가 있다*
버려진 시각장애인들 모여 사는
경기도 벽제 희망맹아원
파리떼 들끓는
불 꺼진 낮은 슬레이트집
저녁 거미 같은 그들에게
밥을 밀어주다가
보았다 오줌 지린내 절은 방
어둠 속에서 경전보다
깊고 서늘히 울던 말

* 김주영 소설 '아라리난장'에서 인용

말[言]·2

세상에서 가장 순한 말
그대의 똥 나오시는 소리
유·무성음 모두 담백하구나

화장실은 순하디순한 말의 자궁

어지럽구나, 그대 입술에서
새붉게 동백꽃 피는 소리
공중 가득한 휘파람새 소리

사랑의 말들, 마약처럼
내일을 갚을 수 없네

그대가 엉덩이를 내리고
변기에 앉아 똥 누는 소리
이윽고 똥 나오시는 소리

성자의 눈망울 같은

말[言]·3

말이 내린다
말이 퍼붓고
사납게 퍼붓고
퍼붓기만 하고

도로가 잠기고
가옥이 침수되고
산사태가 나고
사람은 꼼짝없이 말에 갇히고
갇힌 채 죽는다

그 위로 말은 줄곧 퍼붓기만 한다

어떤 소는 지붕 위로 올라가고
어떤 소는 도로에 둥둥 떠가고
어떤 소는 무리 지어 산속 암자로 올라간다

말은 서로를 퍼붓기만 하고
천지가 말에 잠겨도
말은 익사하지 않는다

동지(冬至)

겨울에 이르러
비로소 나입니다

긴 밤
눈 붉은 집
찢긴 창호 너펄거리고
피 냄새 나는 집

팥죽 먹는 밤
그저 살아서 귀신입니다

당신이 가장 짧은 날
자박이는 소리도 없이
당신이 내 발밑까지 든 날

당신은 나를 상냥하게 핥아
내 몸 기어이 가뭇없고
살아서 다만 슬픔은
당신이 좁아드는 것뿐이지만

겨울에 이르러
비로소 나입니다

강·1

강은 그냥 흐르는 것이 아니다
평생 못 씻는 죄로 강은 흐른다

밤마다 흐득이는 울음으로
강은 뼛속까지 젖고
젖다 눈 뜨면 해와 달, 별과 구름이라든가
나무와 수풀과 꽃 그림자에
떨면서 얼굴을 비추어 본다

들어보라
캄캄한 밤 귀 기울이면 들을 수 있다
강물 소리 어두운 강물 소리
그대의 피를 가로지르는
검고 어두운 강물 소리 들을 수 있다

홀연히 짐승 되어 일어나 검고 끈적이는
육체를 가로질러 가는 소리 들을 수 있으리라

그대의 아비와 그 아비의 아비들이
어두운 얼굴로 흐르는 모습도 보게 될 것이다

강은 그냥 흐르는 것이 아니라 그대 핏속
그대 핏줄의 벌판 속을 흐른다
아비의 아비들 다 못 씻은 죄로 익사한 강은 흐르고
부끄러워 못 죽는 그대는 지금 그 위에 누워서 있다

강·2

조금만 아주 조금만 더 숨을 고르렴
때론 네가 강을 건너는 게 아니라
강이 너를 건너는 거란다

새

새가 죽었다

콜타르 같은 장맛비 질금거려
부러진 날갯죽지로 보도블록을 치던

새가 죽었다

사람들 잠자는 한밤중
새장을 나와
한 점 바람이나 물소리 더듬다가
부엌 싱크대 밑 한 자도 안 되는 구멍에 빠져

새가 죽었다

살라 나무 아래 석가모니 입적한 밤에
신라 월명 스님 피리 소리 달을 멈추던 밤에
젊은 예수 감람산에서 핏빛 기도하던 밤에

새가 죽었다

구멍에 쏟아지는 플래시 불빛
부러진 다리로 곤추서서
눈 반쯤 감은 채 꼿꼿이 고개를 들고

3부

비자(榧子)의 눈물

입동(入冬)

비 개인 초저녁
초엿새 달이 맑고
바람은 산사 풍경(風磬)을 건드려
그 소리 은행나무 성긴 잎에
금빛 지등(紙燈)을 켜네
새소리가 환한 것인가
은행잎이 맑은 것인가
소리와 빛의 경계를 지운
나무 가득 박새가 우네

대명포구에서

그물처럼 가을비 내리는 부활절
바다에 그물 던지는 어부에게
말씀 그물 던지던 젊은 예수 생각하며
아내와 대명포구에 갔습니다
사리 때 바다는 내 눈썹까지 넘실거리고
갯내와 물비린내 온갖 죄의 붉은 비린내
하늘에 닿은 내 안의 바다도 만조였습니다
포구 어시장 그물에 잡혀 온 물고기들
붉은 고무 함지에서 숨찬 입 뻐끔거리고
더러 흰 배 드러내는 물고기
입으로 수면 밖 세상의 문
두드리고 있었습니다
투명한 시간 속, 무심히 눈시울
적시는 생의 기억 기웃거리다
문득 시장 공터 시멘트 바닥에 누운
참다랑어 한 마리 보았습니다
검은 플라스틱 모형 같았습니다
분홍 물 번지고 있었습니다
반쯤 감긴 고요히 비린 눈동자
내 안에 끝없이 헤엄쳐 오고 있었습니다
빗방울 뜸해지는 저물 무렵
추녀 아래에서 올려다보는 저녁 빛
눈썹에 어룽지고 있었습니다

사리(舍利)

청도 적천사
몸뚱어리 온통 이끼 뒤덮이고
아랫도리 비어가는
암수 은행나무 두 그루
사백 년 넘도록
마주 보고 서 있습니다
열 발자국쯤 되는지 혹은
수만 리가 되는지
가늠할 수 없는 거리에서
물끄러미 바라보는 수컷 눈길에
올해도 암컷 은행나무는 꽃이 피고
온몸에 열매가 열렸습니다
열매 같은 사리가 열렸습니다

진눈깨비 오는 시장

진눈깨비 오는 시장 골목
출항의 포구처럼 설렌다
물과 물 만나 섞이듯
미끄러운 길에서
사람들은 발을 멈추고
상자 속 굵은 눈알의 생선들
물살 조용히 눈발 자욱한
바다로 풀려나간다
둥근 좌판에 꽂혀 떨던 칼
흰 눈 뒤집어쓴 섬이 된다
아스라이 가부좌한 섬이 된다
굳은 입 풀린 생선들
눈발 가로질러 바다로 가는 동안
상자 속 누워 있던 몸
얼음 사이 반짝이던 꿈들
물살보다 먼저 출렁이며 나아가고 있다

가을비

비가 내립니다

외눈박이 황색등 혼자 번쩍이는
거리의 가로수를 지우며

내리는 비는 보이지 않습니다
길만 검게 젖을 뿐

악몽 꾸는 듯
땀에 젖은 길 번들거리고

불 꺼진 집 유리창에 거미처럼 달라붙어
하늘을 올려다보는 유령 같은 사람들

그 눈망울도 흘러내립니다

버들치

월악산 영봉(靈峯)
흰 계곡에 무심히
낚시를 던졌습니다
문득 버들치 한 마리
미늘에 걸려 올라왔습니다
바위틈에 붙어사는 게 아니라
섬광처럼 계곡을 거느리던 버들치
손바닥에서 진홍빛 비린내
한 점으로 파들거렸습니다
그때 벼락처럼
당신 얼굴이 그 위에 겹쳤습니다

회양목

남녘의 꽃들을 잊었습니다.

구례 산수유 광양 매화 하동 벚꽃도 올해는 다 잊었습니다 벽돌 조각 흙더미에 비닐봉지 날고 구부러진 못들 녹스는 마을 공터에 해마다 봄이면 그윽한 향기 있었습니다 봄빛에 무르녹은 그 향의 주인을 만나고 싶었습니다 흙먼지 뒤집어쓰고 발에 무심히 밟혀 나지막이 주저앉은 회양목, 쪼그려 앉아야 보이는 그 낮은 곳 좁쌀 같은 꽃들 무수히 피어 있는 것 보았습니다 오오, 천둥 치듯 벌들도 날았습니다 꽃나무 아닌 꽃나무에 향기 가득한 게 회양목뿐일까요 당신을 생각하다

올해는 남녘의 꽃들을 다 잊었습니다

아까시꽃

이가 시린 꽃송이
온몸에 피운 아까시나무 아래
얼굴에 검버섯 핀 까만 할매
쪼그려 앉아 담배를 태우고 있다

문(門)

언제나 열고 나갈 문
그에겐 있었네

닫힌 문에 갇혔던
수인(囚人) 빠삐용*

캄캄한 방에 혼자 갇힌 그의 죄명
악질 상습 탈옥범

밥 들어오는 구멍이 있을 뿐
이처럼 어둡고 비좁은 감방이 또 있을까

누구도 걸어서 나가지 못한다는
방마다 번데기처럼 들앉은
독(獨) 거수(居囚)

아침 점호, 밥 들어오는 구멍으로
고개 내밀면 밀랍 같던
옆 방 독 거수 보이지 않고

죽어서야 나갔는가
닫히면 다시 안 열리는 문

푸른 나비 문신의 빠삐용
죽음이 열기 전엔 나갈 수 없는 문
열릴 때 들어가 잊으면 벽이 되는 문

잊으면 곧 벽이 되는 문
그 문을 그는 열고 나갔네

* 프랭클린 제임스 섀프너(Franklin James Schaffner) 감독 영화 주인공

종이배

종이배를 접는 일은 즐겁습니다

오늘은 종일 비가 와 하릴없이 구두가 젖고
발바닥 부르트도록 걸었습니다

평면의 종이 한 장
가슴 설렘으로 남은
기억 속 그림을 접는 일은
즐겁고 쓸쓸합니다

오늘 걷지 못해 남겨 둔 길
이승의 꿈속으로 흐를까요

제 몸 몇 번이나 접고
고쳐 접어 빗물에 띄웁니다
가 닿을 언덕이라도 있는 듯

빗물 흐르다 멎고 햇볕에 마르는 길
거기가 혹 저 닿을 언덕일까요

접은 몸 속속들이 젖어 풀어져

다시 누군가의 손
바람에 불리며 기다릴지라도

오늘 즐겁습니다

운주사(雲住寺)

천불천탑 운주사는
허랑한 구름 속에 있지 않았다
요사채 툇마루에서
말갛게 별을 올려다보거나
추녀 끝 풍경소리에 새 귀를 여는
노스님도 없었다
된장 없는 절집
온 사방이 무럭무럭
뜨건 김 오르는 시꺼먼 보리 개떡이었다
별과 별 사이 겅중겅중 건너뛰는
검은 소가 푸짐하게
똥 싸놓으신 떡집이었다
허위허위 보릿고개 넘는 사람들에게
제 몸 선뜻 떼어 먹이는 보리 개떡 둥덩산이었다
저 지지리 못난 부처들을 보라
그대에게 코 떼어준 부처, 얼굴 내어준 부처
하반신을 통째로 내어준 부처
다 내어주고 몸 희미해진 부처
절벽 아래 오종종하게 모여
한 번 더 뜨겁게 몸을 데운다
산마루에는 무지개떡이 된 부부와불(夫婦臥佛)도 있다

나란히 너럭바위 안으로 들어가
천 년을 까맣게 잊은 부처가 있다
진다홍으로 물든 개복숭아꽃
그 머리맡에서 몸 외로 꼬고 열반에 든

대게

스물다섯 해 전
경북 덕구 탄광촌에서 스스로 세상을 버린
젊은 사내 무덤을 끝내 찾지 못하고
동해 죽변항에서 대게를 사네

심해 어둠 속에서 슬픔 대신 다리가 길어진 대게

항구 생선 장수는
대게를 산 채로 쪄야 맛있다고
얼음 채운 스티로폼 상자에
서둘러 대게를 담네

그러나 생선 만지는 일로 늙은
사내의 잰 손놀림보다
죽음을 본 대게의 눈은 빨라
상자 뚜껑이 닫히는 순간에도
막막히 세상에 손을 내미네

저 비린 손 못 잡아
평생을 얼음 속에서
번들거리며 젖어 있는

대게의 눈
한 생을 유폐한 수인(囚人)
어두움이 온 사내의 노모

내년 봄에는 물가 무덤 자리를 다 파야 한다고
얼음 창고에서 어기적거리며 나온
늙은 대게의 손을 동해의 대게가 잡아주네

외포항(外浦港)에서

강화도 외포항에서
볼음도 가는 배를 기다리네
섬에 와서 또 섬으로 가려 하네
섬인 자가 섬을 그리네
세상의 모든 글썽이는 저녁은
외포항으로 모여드네
새들은 성글고 아픈 날개를
외포항의 품에 접고
먼바다 떠돌다 온 물결은
비단보다 부드러운 숨을
그 무릎에 내려놓네
외포항은 안을 열어주는 포구
섬에 와서 섬을 꿈꾸는 자에게
가없는 바깥인 안을 열어주는 포구

세월의 집

어두웠고 문이 하나 있었다
집은 없었다
집이 아니어서 문은 없었다
없는 문틈으로 흰 망아지가 지나가고 있었다*

자작나무 흰 몸 보고 싶어
원대리에 간다 자작나무는 몸이 없고
흰 망아지가 정면으로 나를 본다
여자처럼, 원대리 자작나무 숲에
몸이 없는 흰 망아지가 있다

그서 여자가 있다
언제나 과거인 여자는 그저 있다
여자는 몸이 없고 자작나무만 있다
아, 화촉(樺燭)인 여자가 있다

몸이 없는 그 집에 들어간다
화촉의 빛 속으로 흘러갔으나
언제나 현재인 여자에게
흰 망아지에게 들어간다

* 인생여백구과극(人生如白駒過隙), 장자의 지북유(知北遊)에서 차용함

비자(榧子)의 눈물

1
수인(囚人)처럼 여자가 누워 있다
병원 응급실에 비자(非子)가 누워 있다

관절 불거진 팔다리
손가락 마디마디
'아니다', '아니다', '아니다'
맹목의 갈퀴처럼 피우던
제주 늙은 비자(榧子)나무

위세척 당한 채
밭은 숨 헐떡이고 있다
평생 끌탕하던 이승
강제 소환된 노여움에
완강히 등 돌리고 누워 있다

비자(非子)여,
당신이 생의 문고리 당기지 않았다는 것인가
수인처럼 살아 있는 게 당신이 아니라는 것인가
아니다 아니다 아니다 사이 무슨 길 있었던가
'비(非)' 한 글자로 세상 작파한 비자여

2
외삼촌이 일곱 살짜리 나를 데리고 김녕모살밧디*를 갔지
너는 아방*을 봐야 한다고
제주 4·3 사건 때, 김녕바당* 모살밧디서
포승 묶인 아방 바당 쪽으루 세우고
군인이 뒤에서 총살한 아방
그래도 너는 보아야 한다고

아방 얼굴은 없었네
아방 알아볼 수 없었네

눈도 코도 입도 아무것도 없었네
시꺼멓게 타버린 무서운 구멍만 있었네
일본 유학 다녀온
제주도 북제주군 구좌면 종달리 이장
제주 최초 1급 항해사 아방은 없었네

팔순 할망*이 아들 염(殮)을 했네
집에서 이불솜 뜯어와
구멍 난 얼굴 메우고
피범벅 된 시신
눈물로 닦아 염을 하였네

아방 찾아 나섰던 어멍*
다음 날 종달리바당 둥근모살*에서
아방처럼 군인에게 총살당했네

3
누가 다녀가셨는가
남루한 목숨
누가 발소리 없이 다녀가셨는가
목구멍으로 억지로 넘긴 건 미음 몇 술뿐
누가 제주 할망 겨드랑이 붙들어 일으키시는가
누가 제주 할망 무릎 세우고
누가 제주 할망 새 숨 돌게 하시는가

4
수면제 먹어도 못 죽고
농약 먹어도 못 죽는 제주 비자나무

죽음까지 비워내 저리 투명한가

아파트 베란다 햇살에

종아리 잠그고
건조대에 빨래 널고 있다

풍랑 사나운 저 고요한 얼굴

난바다 거친 말들
기억 속에서 꺼내어 널고 있다
천지사방 귓가로 물밀던
'뽈갱이떨'*이라는 말
난바다에 남편과 세 아들 앞세운 비자나무
서방과 새끼 잡아묵은 년
때깔도 좋다는 말 탈탈 털어 널고 있다

저 비자나무, 비로소 죽을 수도 없어
온 생 찢어 펄럭거리게 했던 말
이제 눈물 반짝이는 연두로 피워내고 있다

* 김녕모살밧디 : 김녕모래사장
* 아방 : 아버지
* 김녕바당 : 김녕바다
* 할망 : 할머니
* 어멍 : 어머니
* 종달리바당 둥근모살 : 종달리바다 둥근모래밭
* 뽈갱이떨 : 빨갱이딸

해피

치매 걸린 할아버지
당신 방에서
혼자 울고 있더라 했다
며느리가 왜 우시느냐 하니
이제 의정부 딸네 집으로 가면
우리 해피와는
영영 헤어져야 하는 게 아니냐고

우음도(牛音島)

바람 부는 날
소 울음소리 들렸다는
우음도

눈 비벼 찾아도
소 닮은 섬은커녕 바다도 없다

우음도에 가고 싶을 때 있다

삶이 창피함이나 부끄러움도 모르고
길바닥에 주저앉아
혼자도 없이 그저 우는 섯이다 느낄 때
불현듯 우음도에 닿고 싶을 때 있다

하늘과 구름과 삘기꽃뿐인
우음도
진펄 같은 기억 속 작은 새 우는

지평선에 걸린
거대한 울음을 보고 싶을 때 있다

남명(南冥) 조식(曺植)

서(序)

남명 나이 19세 때 기묘사화 일어나
숙부 조언경 가솔과 함께 목숨 잃고
우찬성 지낸 아버지 조언형
삭탈관직당하고 후유증으로 죽었다
남명 45세 때 을사사화 일어나
절친한 벗들
병조참의 이림(李霖) 사사(賜死)되고
사간원 사간 곽순(郭珣) 옥사했으며
성우(成遇)는 벗들 옹호하다 장사(杖死)당했다
연산군과 중종, 인종과 명종에 이르는 50년
무오사화 갑자사화 기묘사화 을사사화
깨끗한 선비들 죽어 나가는
광포한 피바람 속에서 섬길 군주는 없었다
남명 약관에 진사, 생원 초시 문과 초시 급제
36세 때 향시 3등 하였으나
37세에 어머니에게 출사(出仕) 단념 허락받고
중종 임금 제수한 헌릉참봉(獻陵參奉)
명종 임금 제수한 전생서(典牲暑) 주부(主簿)
종부시(宗簿寺) 주부(主簿), 단성현감(丹城縣監)
조지서(造紙署) 사지(司紙), 상서원(尙瑞院) 판관(判官)
종친부(宗親府) 전첨(典籤)을 거절했다

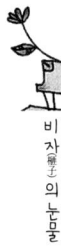

지지(持志)

새벽 늪새집 사랑채 호롱불 켜고
찬물로 눈 씻고 입 헹군다
푸른색 중치막 실 띠 두르고
머리카락 가지런히 빗어 상투 틀고
그 위 망건과 갓을 쓴다
흰 사기그릇 가득 찬물 담아
두 팔 내밀어 받들고
미동 없이 서서 나를 지킨다
떠받든 한 그릇 찬물에
백두 천지 있고
동터오는 아침의 나라 있고
흰 무명옷 고단한 백성의 숨이 있으며
백성 받드는 군주가 있고
곧은 선비가 있다
백두에서 두류
한반도 떠받친 백두대간처럼
군주가 패역하면 이를 바로 세우는
선비의 말이 있다
한 그릇 찬물이여
두류산 가장 깊은 그늘 속

들풀이고저
처사(處士)이고저
새벽 미명 한 그릇 찬물 받든다

성성자(惺惺子)와 경의검(敬義劍)

무시로 나를 빠져나가려는
살쾡이 붙들어 가두려
잠에서 깨어 제일 먼저 허리에
성성자 방울을 매어 단다
조선 천지 붉은 눈뿐
살기 번뜩이는 붉은 눈
피 울음 울어 붉은 눈
탁해지는 눈 부릅뜨고
항시 명료하게 깨어 있으려
발걸음 움직일 때마다
성인 가르침처럼
귓속으로 흘러드는 맑은 방울 소리 듣는다
붉은 눈이여
장맛비 추적이는 여름밤
진눈깨비 젖는 겨울밤에도

소리와 소리 사이를 골라 딛고
들쥐와 민가의 닭과 병아리와 토끼
목줄에 날카로운 송곳니 박는
살쾡이들 붉은 눈이여
한 자 가웃 경의검(敬義劍)에
내명자경(內明者敬) 외단자의(外斷者義)
여덟 글자 새겨 허리춤에 차고
경(敬)을 등불 삼아 나를 밝히고
의(義)를 칼날 삼아 나를 벼린다
임이시여
부관참시(剖棺斬屍)*
쇄골표풍(碎骨飄風)*
파가저택(破家瀦宅)*
피비린내 절은 임 허리춤에 방울을 매소서
선비들 피 울음 멈추게 하소서

---

* 부관참시 : 죽은 뒤에 큰 죄가 드러난 사람을 다시 극형에 처하는 형벌. 관을 쪼개어 시체를 베거나 목을 잘라 거리에 걸던 일
* 쇄골표풍 : 뼈를 부숴 바람에 날리는 형벌
* 파가저택 : 집을 파괴하고 그 터에 물을 대 연못으로 만드는 형벌

단성소(丹城疏)*

엎드려 육백 리 흐르는 섬진강
계부당(鷄伏堂)* 처마 끝 둥지 튼 새들
한설(寒雪)에 꽃망울 띄우는 매화나무
저 유장(悠長)하고 자재(自在)한 벗들에게 하직 인사한다
뇌룡정(雷龍亭)* 냇가에 붙어사는
피라미로 소증(素症) 달래려
삼백 리 바깥 벗에게 구차히 구한 명주실
침침한 눈 비벼 한 코 한 코 완성한 그물도
멀찍이 마당귀 두엄더미 곁에 던져둔다
적빈(赤貧)의 생에 순한 숨 불어넣어 주며
꼭 그만하게 말하라 깨우던
뒷동산 화전(火田) 푸성귀들과
하늘 울어도 울지 않는 커다란 종(鐘)
내 스승 두류산에도 마음의 절 올려 하직한다
의관 정제하여 북향 사배하고
벼루에 먹을 갈아 단성소를 쓴다
을묘년 명종 임금이 하사한 단성현감 직을
머리 조아려 사직하는 상소문을 쓴다
망나니의 시퍼런 칼날 아래
목 길게 늘인 마음
떨리는 손 가다듬고 또 가다듬어 쓴다

* 단성소 : 남명 조식이 1555년 11월 19일 단성현감에 제수되자 이를 사직하면서 조선 명종에게 올린 상소문
* 계부당 : 경남 합천군 삼가면 토동(외토리), 남명 조식의 옛집. 닭이 알을 품어 병아리가 부화하듯 차분히 침잠하여 학문과 인격을 함양하는 곳이라는 뜻.
* 뇌룡정 : 경남 합천군 삼가면 토동(외토리), 남명 조식의 옛집. 계부당이 남명 조식의 생활공간이라면 뇌룡정은 후진 양성의 강학 공간. '뇌룡정'이란 장자에 나오는 '시거이용현(尸居而龍見) 연묵이뢰성(淵默而雷聲)' : 시동처럼 가만히 있다가 때가 되면 용처럼 나타나고 깊은 연못과 같이 묵묵히 있다가 때가 되면 우레처럼 소리친다는 구절에서 따온 것.

결(結)

조선은 어디 있는가
선비 나라 조선은 어디 있는가
백성 걱정하는
선비의 말과 말이 치열하게 부딪쳐
나라의 새 길 열던 조선은 어디 있는가
아아, 누가 지도에서 조선을 지우는가
대왕대비를 일개 과부에 지나지 않는다 폄훼하고
임금을 무능한 고아라고 모욕한
명재경각 초야의 처사(處士)를
언로가 막히면 나라 망한다
선비들 벌 떼 같이 일어나 끝내 말길 지켜낸

선비의 나라, 말의 나라
조선이 사색당파 밥그릇 싸움으로 자멸했다 침 뱉고
후손 머릿속 지도에서 지우려는 자 누구인가
잃어버린 땅 조선으로 간다
선비의 나라, 아버지의 땅으로
침 자국 얼룩덜룩한 몸 일으켜 간다

눈 맞춤

저는 동물 보는 눈이 딱 하나였어요 제가 먹을 수 있느냐 없느냐 고양이는 제가 먹을 수 없어 관심 없었죠 고양이는 흐린 눈동자에 사나운 발톱 숨겨 께름직했죠 김포 문수산 전망대에는 연갈색 뒤룩뒤룩 고양이 한 마리 항시 바닥에 너부죽 엎드려 있는데요 엊그제도 눈꼴시어 흘겨보는데 배가 아주 길게 불룩하더라고요 얼핏 고물고물 눈도 못 뜨는 새끼들이 눈에 스쳐 아기 가졌구나 한겨울인데 고양이가 흘깃 곁눈질하는데 그 눈과 제 눈이 딱 맞았죠 어떡하겠어요 그게 제 숙명인데 고양이는 저를 모롱이까지 배웅하곤 돌아갔어요 그런 눈 맞춤이 있었어요 고양이와 아니 문수산과 문수보살과 아니 저 자신과 신기하게 눈 맞춘

4부
밥의 그늘

당신처럼요

자태가 예뻐서 향기가 좋아서 살결이 보드라워서
천 리를 달려 저를 보러 왔다고 하시는데요
당신이 꽃이라 부르는 저는 그저 생존이거든요
…… 당신처럼요

개심사(開心寺)에서

꽃 피우려 길 가는 것 아니더군
길 가다 목적 없는 꽃
목적 없이 피우는 거지
그렇게 어떤 이는 삼매의
길에서 깨달음을 얻고
개심사 오백 살도 더 먹은 겹벚꽃 나무
제 자리에서 수만의 캄캄한 눈비 건너
어느 결엔가 꽃을 피우지

길 끝에 벼랑이 있고
벼랑 너머 막막한 허공이 있고
간혹 허공을 제집 삼은 자도 있는 것

온몸에 얼룩덜룩 검버섯 이끼 두르고
아이 주먹만 한 꽃송이
전신에 피우고 섰는
세월 잊은 겹벚꽃 나무들
자궁을 제집 삼은 여인들
깨달음을 얻는다는 것
길 위에서 홀연히 자신을 다시 낳는 거지

겨울나무

불타다 남은 숯인 줄 알았는데
발가벗은 아기였구나
비원(悲願)을 비는 손이었구나

푸짐한 밥상

장모님 치매 오신 후에도
한 끼도 내 밥상
차리지 않으신 적 없네
조 서방 밥 먹어
숟갈 드시기 전
조 서방 밥 먹음샤?
한 끼도 거르지 않고
늘 내 밥 먼저 챙기시는
장모님 밥상 푸짐하다

어머니 말씀·1

요양원이
인간 보관소로구나

인간 보관소

그래도 고맙다
내 등짝 눕힐 수 있고
삼시 세끼 따순 밥 주니 좋구나

내 걱정은 조금도 말아라
고맙다

어머니 말씀·2

의사 선생님이
어머니 많이 좋아지셨대요
고관절 골절도 좋아지구
욕창은 깨끗이 나으셨대요
뭐? 많이 좋아졌다구?
어이구 얘야 뭐가 좋아진 거니
안 좋은 거여
좋아진 게 안 좋은 거여
내 나이 백 살이 넘었는데
빨리 죽어야지
내가 죽어야 너희가 고생 안 하지
돈 많이 드는데 큰일이다 진짜
죽지도 못하고

나 좀 살아야 쓰겠네
- 시인 임형신

태어날 때 나무나 꽃이나 새나 구름이었던 사람

길이 말을 걸어와 내려야 할 역을 놓치고
늘 낯선 마을에서 서성거렸네*

혼례 치르고 채 백일도 전에
새신부 신혼집에 홀로 두고
먼 산 절집으로 잦아든 새신랑
길 묻고 물어 찾아온 새신부에게

'나 좀 살아야 쓰겠네!'

폐사지는 노랑 민들레 필 때도 좋지만
<u>우수수우수수</u>
참았던 울음 터지드끼 낙엽 질 때가 제맛이제

거기 있음 비로소 날 까맣게 잊어뿔지

이제 앉은뱅이꽃 곁에 쪼그려 앉아 도란거리고
개여울 새뱅이와 몰려다니며 이 시리게 웃거나
폐사지 소소리바람으로 절집 짓고 또 지우는 사람

* 임형신 시집 『서강에 다녀오다』 '시인의 말'에서 인용

반가사유(半跏思惟)

몸은 물결이구나
밀려오고 또 밀려오는
물결이구나
물결 위에서 왼손으로
반가(半跏)한 발목을 잡고
오른손으로 턱을 고이고
물결로 번지며
미소 짓느니
간절함으로
그대에게 가없이 가는 물결이구나

천금(天衾)

그녀는 필생의 힘으로
수의(壽衣) 한 벌 짓고
스스로 그 안으로 들어갔다

누구의 꽃다발도 아닌
그녀의 몸
낯선 사내가 일곱 번 묶고
하늘 비단 이불 덮어 주었다

꽃 울음이 피었다

그녀가 뒷밥으로 지어지는 동안
그녀의 자식들
밤새 사골 고아 낸 설렁탕을 먹었다

강매역(江梅驛)

봄이면 매화나무가 강물에
눈꽃 날리던 강매(江梅)
봄날 논길 걷던 여섯 살 아들
백로가 발 담그고 서 있는
논물 눈 찡그려 보며
아빠, 칠성사이다 같아요 부르짖던 곳
여름날 켄터키 치킨 사 들고
경의선 기찻길 둑방에 나가면
개구리 우는 아카시아 숲
어둠 속에서 뜬금없이 반딧불이 날아올라
길길이 나를 뛰게 하던 곳
아이가 이름 연필로 꾹꾹 눌러쓰고
선생님이 깜짝 부러워하던
강매에는 이제 반짝이는 아무것도 없다
눈 오는 밤 멍하니 수은등 아래에서
수색 지나온 막차 기다릴 때
늙은 역무원이 눈 맞으며
매화 꽃잎 같은 눈
가만히 빗자루로 쓸고 또 쓸어
그 소리에 간신히 머리를 식히던
기다림만 남았다
강매에는 이제 눈 감고
캄캄히 어둠 속을 구르는 기차 바퀴만 있다

회개·1

그러므로 우리 버린 쓰레기를
도로 우리 안으로 담아야 했다
이 악물고 삼켜야 했다
삼킨 쓰레기 우리의 눈코귀입으로
꾸역꾸역 밀려날 때까지
쓰레기가 우리를 버릴 때까지!

회개·2

한 번도 당신들을
이웃이라 부르지 않고
한순간도 당신과의
동거를 인정하지 않았던

저의 죄를 용서해 주십시오

보름밤

그을음이 내리는 서울 하늘에는
달이 뜨지 않는다

기타가 떠오를 뿐
줄이 온통 늘어진 기타 하나가

어두움도 온통 느슨한 밤
달빛 대신 줄 늘어진 기타 소리가

보름밤의 골목과
지붕을 검게 적시고 있다

무대

다만
무대가 신성하다

장미가 시들고
걸레가 마르는

거미줄이 흔들리고
쥐가 기어 다니는

무대의 뒤 켠

무거운 박수 소리
힘겹게 막이 닫히면

돌아가야 하네
낡은 검정 구두 신으러

등꽃

기역 자로 굽은 시각장애자 할머니를
허리가 펴진 시각장애자 할머니가 부축하고
조심스레 4층 예배당 계단을 올라간다
먼지 낀 유리창 너머 벽제 공동묘지가 보일 뿐
나비 한 마리 없는 봄날 희망맹아원
예배당 안 무의탁 시각장애자 스물일곱
마애석불처럼 더러는 서고 더러는 장의자에
또는 휠체어에 앉아 시각장애자 목사가 들려주는
먼 먼 하늘나라 예수 이야기에 바위꽃 같은
귀를 열고 있다 이따금 뒤쪽에서 파리한
청년이 몸을 떨다가 짐승 우는 소리를 낸다
"아, 빠, 언, 제, 올, 꺼, 예, 요?"
청년의 몸을 밀랍 같은 할아버지가
무릎에 부둥켜안고 있다 네 개의 팔과
두 개의 목이 등나무 줄기처럼 얽혀 있다
청년이 가위눌린 소리를 지를 때마다 말없이
손바닥으로 볼을 쓸어주던 할아버지의
창백한 입술이 등꽃처럼
청년의 머리와 목덜미를 입 맞추고 있다

면회

이제 이따금 그를 보러 갑니다
감옥으로
독(獨) 거수(居囚)인 그는 철창 너머
어두움 속에 있습니다
불에 그슬려
시멘트 바닥에 웅크려 앉은
그는 역하게 비립니다
세월을 헤아릴 수 없는 비린내
비린내와의 잠잠한 면회
신기루 같은 삶은
쇠문 바깥에 있습니다

밥의 그늘

늙은 배나무 아래에서
허리 굽고 다리가 벌어진
늙은 여인 같은 배나무 아래에서
가족이 모여 밥을 먹는다
심장 근육 한쪽이 잠을 자는
민들레 씨앗 같은 어머니
틀니 움직여 고기를 드시고
파출부로 네 남매 여읜
사십 대 청상과부 작은어머니
유방암 수술 받고도 환하시다
어린 나 업어 키운 누님
작은 수술 받은 내게 잘 구워진
고기를 연신 젓가락으로 집어준다
발길에 닳은 문지방처럼
늙은 배나무의 그늘
밥이여, 밥의 그늘이여

부정(否定)

비둘기 한 마리 차도에 떨어져 있고
다른 비둘기 황망히 그 위를 날고 있었다

승용차 바퀴가 차도에
떨어진 비둘기 위를
하릴없이 지나가기 직전이었다

문득 허공의 비둘기가 흡착되듯
차도 위 비둘기에게 내리꽂혔다

차바퀴가 물컹, 깔아뭉갠
비둘기 위에
허공에서 내리꽂히다
차체에 부딪힌
비둘기 파열음이 포개어졌다

슬픔이라는 말을 나는 알지 못한다
사랑이라는 말도 나는 알지 못한다
나는 영생(永生)이라는 말을 부정한다

화개산(華蓋山)에서

이상하지, 꿈속에서 햇빛은
홑옷마저 벗은 듯 빛나고

몸 벗은 복숭아 꽃잎
바람도 없이 하늘을 나네

이승도 한 겹 옷처럼 벗으면
저리도 아슴푸레 빛나는 걸까

한숨도 눈물도 가슴 아픔도
홑옷처럼 벗을 수 없어
숨 붙은 이는 사랑을 하는가

캄캄하게 사랑에 홀려
한 겹 목숨 벗지 못하는가

교동도 화개산 등성이
가없이 바다로 목 늘인
여인네 아픈 속살 빛 산복숭아 꽃잎

임종

검버섯 가득
파리한 얼굴
저녁 나팔꽃처럼
안으로 말려 들어간 입술
어머니 옅은 숨
눈도 뜨시지 못하고
툭 떨어지는 손
간신히 들어
죄송하다는 못난 아들
볼 한번 어루만지고
머리 쓰다듬어 주셨네

발문

낱낱이 새롭고
향기로운 벚나무 꽃잎

송희복(문학평론가)

|송희복|문학평론가
낱낱이 새롭고 향기로운 벚나무 꽃잎

    조영환은 젊었을 때부터 시 창작에 뜻을 두었다. 수십 년에 걸쳐 국어 교사로 일하던 그를 두고, 나는 이제까지 조 선생님이라도 호칭해 왔지만, 그가 교직 생활도 마쳤으니 이 글에서야말로 조 시인이라고 지칭하는 게 딱 들어맞을 것 같다.
    그가 나에게 시집의 발문을 부탁해왔을 때, 머뭇거리지 아니하지 않고 수락한 것은 40년이 넘는 견고한 우정 때문만이 아니었다. 그는 이제부터 시인으로서 많은 사람들의 기억 속에 자리해야 한다고 생각해서였다.

    우리는 비슷한 점이 적지 않았다. 우선 닭띠 동갑이다. 휴학을 한 후에 한참 지나 복학했다. 나는 5년 만에 모교 국문과에 복학해 다섯 학기를 다녔다. 나는 이 복학생 시절을 간혹 회상하고는 한다. 나는 이 시절을 가리켜 '룸비니'와 '다프네'의 시절이라고 짐짓 이름을 지어본다. 그때 국문과 학생들의 동선은 그런대로 엇비슷했다. 석조관에서 나오면 룸비니와 다프네를 지나 이층집에 이르렀다. 인도 말인 룸비니와 그리스 말인 다프네는 남들에게 생소한 이름일 터다. 룸비니는 석가모니가 태어난 곳 동산 이름이며, 다프네는 아폴론의 구애를 피해 다니다가 끝내 월계수가 된 처녀 이름이다.

국문과 학생들은 남산 기슭의 모교 중에서 가장 높은 위치에서 수업을 받다. 제일병원 쪽의 후문으로 가는 데는 학생들은 대체로 넓은 정도를 이용했다. 나는 주로 조붓한 지름길로 내려갔다. 룸비니 동산의 가장자리로 내려가는 길이었다. 이 동산은 키가 비교적 낮은 나무들로 가득했지만 태초의 울창한 산림을 연상하게 하는, 순결하고도 운치 있는 산 중의 산, 야산 속의 야산이었다. 제일병원 정문과 마주한 카페 다프네는 절반 가까이가 국문과 학생들이었다. 학생들은 차나 음료수를 마시면서 담소를 즐겼고, 또 다른 국문과 아지트인 이층집에서 술을 마시면서 문학과 시국을 논하기도 했다. 이때 만난 국문과 동문 중에서 지금도 간혹 연락을 하는 지인 중의 한 사람이 바로 조 시인이다.

나는 졸업을 했다. 77학번 동기 중에서 가장 늦은 졸업생이었다.

이듬해 대학원을 다니고 있던 나는 그로부터 결혼한다는 연락을 받았다. 그는 졸업을 몇 달 앞두고 결혼을 한 것이다. 1986년의 늦가을과 초겨울의 경계선에 놓인 어느 하루였다. 좀 흐렸고, 유난히 차갑고 스산한 날씨였다. 하지만 드맑고 온화한 선남선녀가 공릉동 교회에서 혼례식을 올렸던 것. 나는 교회나 성당에서 결혼식을 올리는 것을 처음으로 보았다. 그가 사귀고 있다는 여인을, 그 당시에 나 역시 다프네에서 두어 번 보기도 했다. 후배들은 모두 영환이 형이 곧 결혼할 거라면서 좋아들 했었다. 내년이면 결혼 40년을 해로하게 될 그의 아내에 관한 시들이 이번 시집에도 실려 있다. 다음에 인용한 것은 그중의 하나다.

> 아내가 옷장 서랍에 봄옷 정리하다가
> 문득 눈에 익은 꽃무늬 원피스를 꺼낸다
> 스무 해 전, 그녀와 처음 만났던
> 사월 어느 날 벚나무 아래에서
> 머뭇거리며 사랑을 고백하고
> 부끄럽게 서로를 안았을 때
> 그녀가 입었던 꽃무늬 원피스
> 해마다 사월이면 벚나무가 어김없이
> 내 기억 속에서 홀연히 꺼내 입는 화사한 그 옷
> 그러나 어느새 폐경에 접어든
> 아내는 물끄러미 거울 앞에서
> 젊은 날이 가뭇없이 빠져나간 꽃무늬 원피스
> 쓸쓸히 이리저리 몸에 대어 보는 것이다
> 무심한 척 곁눈질하는 내 눈에는
> 그녀의 적막한 등이 불현듯
> 꽃나무처럼 환해지는 것이나
> 아내는 기억 속 향기를 맡을 때처럼
> 마음 저릿저릿 아릴 것이다
> 그러나 아내여, 사월은 가고 벚꽃은 진다고
> 눈물 글썽이지는 말아다오
> 낡아 해지는 것은 다만 꽃무늬 원피스뿐
> 사랑을 고백한 날부터
> 내 생은 이미 수만의 벚나무 꽃잎들
> 낱낱이 새롭고 향기로운 것이었으니!

조 시인의 주옥같은 가작(佳作)인 「사월의 아내」 전문이다.
읽을수록 범작이 아님을 느끼게 한다. 가만히 살펴보니, 40년 전의 일이요, 20년 전에 창작된 시가 되는 셈이다. 시인 화자가 사월의 벚나무 아래에서 사랑을 처음으로 고백할 때

입었던 아내의 꽃무늬 원피스. 시인의 아내에게는 주물(呪物)과 같다. 시인은 그까짓 것이 무슨 주물이냐고, 마치 반문이라도 하는 것 같다. 원피스는 원피스일 뿐이다. 그 이상도, 그 이하도 아니다. 낡아 해지는 것은 다만 꽃무늬 원피스뿐, 부부애는 변함이 없음을 충분히 알게 한다.

내가 아는 조 시인은 변함없는 사람이다. 자신의 이익보다는 남을 먼저 배려할 줄 알고, 바르고 의로운 일이라면 물러나지 않았으며, 겸허하면서도 또 검박했다. 우리의 스승인 시인 이형기 교수님은 주석에서 '인간 못된 게 예술 한다.'라고 하는 말씀을 곧잘 하셨다. 몇 가지 함의가 있는 말임에 틀림없다. 분명한 것은 도덕성과 예술의 성취는 별개라는 유미주의적 예술관을 염두에 두시고 하신 말씀인 듯싶다. 한편으로, 옛 중국의 문사들은 이런 생각을 했었나 보다. 문자인야(文者人也)라고, 말이다. 글은 바로 그 사람(됨)이다. 중국의 고문헌에는 이와 유사한 생각 및 관점이 나타난다. 이 생각과 관점을 미루어 볼 때, 조 시인의 경우는 선사보나 후자에 가깝다. 니는 웬만하면 벚꽃의 덧없는 아름다움, 순간의 정념을 말하고 싶은데 그는 그렇지 않다. 벚꽃이 햇빛 속에 활짝 피고 바람 속에서 흩어지는 가운데에서도, 이것이 무수히 순환하는 세월 속에서도, 사람들이 지켜야 할 약속이란 게 있고, 또 도리라는 게 있다. 꽃보다 남자라는 말이 있었듯이, 그에게는 벚꽃보다 사람이다. 그의 이런저런 시들을 읽어보면, 그의 인품이 잘 드러난다. 이 시편 「사월의 아내」가 특히 더 그러하다는 생각에 미친다.

그런데 이 시에서 특히 주목해야 할 사실이 있다. 무기교를 지향하는 조 시인에게도 기교가 있어서다. 마지막 두 행을,

나는 주목하지 않을 수 없었다. 의표를 찌르는 기막힘이랄까? 마지막 행이 없었더라면, 이 시는 아마 범작으로 남을 수밖에 없었을 것이다. 흔히 말하는 공감각이다. 이 개념은 다른 감각이 자극될 때 지각되는 체험을 말하는 것인데, 지금으로부터 백 년 전의 영미 이미지즘 시인들이 즐겨 이용했던 표현 방식인 것이다. 엄밀하게 말하면, 공감각과, 감각 상호 간의 전이가 서로 다른 개념인데, 일반적으로는 문학을 공부하는 사람들이나 교사들이 같은 개념으로 치부하는 데 익숙해 있다. 감각 상호간의 전이 중에서도 가장 일반적으로 사용되는 것은 이른바 색청(色聽 : colored hearing)이다. 귀가 자극되었을 때 색채를 보는 일이다. 김광균 시인의 '분수처럼 흩어지는 푸른 종소리'가 대표적인 예다. 공감각이라기보다는 감각 상호 간의 전이로서의, 청각의 시각화다. 색청 다음으로 빈도수가 높은 유형은 시각을 촉각으로 전이한 유형이다. 예컨대 김광균의, 또 다른 시적 표현인 '피부의 바깥에 스미는 어둠'이다. 내가 알기로는 조 시인처럼 시각적인 심상을 후각적인 심상으로 전이를 보인 사례는 극히 드물다고 하겠다. 낱낱이 새롭고 향기로운 벚나무 꽃잎들이 심상의 빛을 발하고 있다.

이삼십 년의 세월이 지나면 순수했던 사람도 속물이 되기도 하고, 악인도 개과천선하여 때로 선인이 되기도 한다. 하지만 인간 조영환은 사십 년의 세월이 흘러도 변함이 없다. 특히 그의 아내에 대한 사랑도 마찬가지일 거라고 본다. 요컨대는, 그의 「사월의 아내」야말로 그의 기념비적인 작품이 되어야 할 것이다. 여기에는 그의 사람됨 혹은 인간으로서의 품격이 오롯이 배어있다. 다음의 시편을 보자.

강화도 외포항에서
볼음도 가는 배를 기다리네
섬에 와서 또 섬으로 가려 하네
섬인 자가 섬을 그리네
세상의 모든 글썽이는 저녁은
외포항으로 모여드네
새들은 성글고 아픈 날개를
외포항의 품에 접고
먼바다 떠돌다 온 물결은
비단보다 부드러운 숨을
그 무릎에 내려놓네
외포항은 안을 열어주는 포구
섬에 와서 섬을 꿈꾸는 자에게
가없는 바깥이 안을 열어주는 포구

 인용한 시는 「외포항에서」의 전문이다. 강화도에 있는 포구의 지명이란다. 언젠가 나는 문인들과 함께 강화도에 간 일이 있었다. 당일치기 행사였다. 행사는 주로 조 시인이 주도했다. 가장 기억이 나는 것은 점심 식사 때 향토 음식인 밴댕이 회를 처음으로 먹었는데 천하의 진미였다는 사실이다. 강화도의 여기저기를 돌아다니다가 서해의 태양이 뉘엿거릴 때 석학 길희성 선생의 연구소와 조각가 김병화 님 지인의 작업실을 방문했다. 변방의 보석 같은 분들이었다. 일행들과 이런저런 얘기를 나눈 것이 기억에 남는다. 두 분은 얼마 전에 작고했다. 조 시인이 강화도에 딸린 섬 '볼음(乶音)도'를 언제 갔는지가 궁금하다. 또 그가 연고도 없는 강화도를 왜 좋아하는지도…….

 임경업 장군이 중국으로 가다가 풍랑을 만나 잠시 머물던 섬. 이때 장군은 둥근 달을 보았다. 그래서 한때 만월도라고 하는 이름으로 불렸다. 장군이 보름달을 본 곳이라고 해서 볼음도다. 한자 볼(乶) 자는 우리만 사용하는 이두식 한자다.

이에 비해 시의 소재가 된 강화도 외포항은 강화도에서 볼음도로 가는, 즉 본섬과 딸린 섬을 이어주는 나루터다. 어쨌든 이곳은 그가 시심을 가다듬었거나 시를 자작했거나 한 처소다. 세상의 모든 것을 모으기도 하고, 또한 열어두는 곳.

볼음도는 섬 속의 섬이다. 물속의 물이기도 하다. 아니, 꿈속의 꿈이다. 꿈속에도 꿈이 있다. 사람이 잠을 자다가, 아, 이것이 꿈속의 일이지 하고 생각할 경우가 있다. 나는 이런 걸 여러 번 경험했다. 믿기지 아니한 일을 당하고 있을 때 혹시 지금 내가 꿈을 꾸는 것은 아닐까, 하고 의심을 할 수 있는 것처럼, 꿈꾸는 자가 꿈을 꾸면서도 내가 꿈을 꾸고 있지 하는 자각을 가질 수 있다. 이것이 바로 꿈속의 꿈이다. 한자적인 표현으로는 소위 '몽중몽'이다. 내가 조 시인과 같은 시대에 재학한 것을 지금 생각하면, 마치 한참 지난 꿈처럼 느껴진다. 모교의 석조관은 지금도 건재하지만 청춘이 사라진 꿈의 전당이요, 룸비니 동산은 아예 유실된 꿈속의 꿈, 그러니까 잃어버린 낙원인 셈이다.

내가 조 시인을 생각하면 가장 떠오르는 일은 학과 교수로 재직하던 김기동 교수님이 운동권 학생들에게 봉변을 당하던 1984년의 일. 도서관장이었던 이 노교수가 점심때 누군가 반주를 하셨는지 얼굴빛이 불콰했다. 교수님은 운동권 학생들 앞에서 왜 하필이면 도서관 앞에서 큰소리로 집회를 하느냐고 나무랐다. 운동을 주도하는 학생 몇몇이 노교수에게 반말로 삿대질해댔다. 당신이 뭔데, 하면서. 일반 학생들이 모여들었다. 무슨 돌발 사태라도 일어날지 모른다는 염려 때문이었을까? 내 반대편에 조 시인이 가방을 들고 서 있었다. 우리는 한번 얼굴을 마주 보고는 연로한 스승의 팔짱을 끼고 도서관 1층 관장실로 모시고 갔다. 가는 중에 교수님이 화가 가라앉지 않았는지 씩씩거렸었다. 우리는 교수님, 진정하십시오, 라는 말 밖에 다른 말을 드릴 수가 없었다.

  학교의 상징물인 불상과 도서관과 석조관과 대학 본부가 있는 곳은 가장 높직한 언덕이란 점에서 그리스식의 '아크로폴리스'였고, 동쪽의 해가 정오 즈음에 서쪽으로 지나간다는 점에서 이집트식의 '헬리오폴리스'였다. 학생들의 집회는 주로 이곳에서 했다. 저 아래의 운동장에서 집회를 하게 되면, 운동하는 학생들에게는 존재감이나 선전 효과가 적었다. 학생들은 그 당시에 학교 당국에 집회 장소의 마련을 끊임없이 요구했다. 학교 당국이 학생들의 열화 같은 요구에 굴복했는지 그 룸비니 동산을 들어내고 말았다. 이 집회 장소를 두고 '만해 광장'이라고 한다. 윤동주와 그 벗들과 후배들이 쉬고 향유하던 연희동산이 역사석 상소싱을 지닌 공간으로 계승되고 있는 것과 달리, 룸비니 동산이 만해 광장으로 대체된 것이 과연 온당한지 의문이 남는다. 지금의 기준이나 가치라면 영락없는 환경의 파괴였다. 한번 파괴된 자연은 영원히 되돌릴 수 없다. 시야에서, 온전히 사라진 룸비니 동산은 내게 지금 꿈속의 꿈이다. 한때는 산 중의 산이요, 야산 속의 야산이었던 내 마음의 룸비니가.

   나는 이렇게 생각해본다.
  조 시인이 시에서 섬 속의 섬을 노래한 것은 꿈속의 꿈을 향유하려는 대리 충족의 감각에서 비롯된 시심이 아닐까? 조

선시대의 유배객에게 섬이, 특히 섬 속의 섬이 떨어질 낙(落)자의 낙처라면, 조 시인에게 있어서 섬, 혹은 섬 속의 섬은 인간의 원초적 그리움의 대상으로서, 즐거울 낙(樂) 자의 낙처가 아닐까, 한다. 그도 룸비니를 추억하고 있다면, 이것을 두고 섬 속의 섬으로 생각할까? 어쨌거나 그의 삶은 꽃보다 남자였다. 꿈보다 생시였다. 허황되지 아니하고 충실했다. 그는 부산 미군 부대의 카투사로서, 중동에 파견된 산업 역군으로서, 학생들이 존경하는 고등학교 국어 교사로서, 모범적인 남편으로서, 아들과 딸의 아버지로서, 친정과 이산가족이 된 어머니와 제주 4.3사건 피해자 유족인 장모님을 보살펴 드리며 살아왔다. 별다른 꿈을 꾸지 않고, 생시에 충실하면서 살아온 것 같다. 이런 점에서, 나는 마치 꿈을 꾸는 사람처럼 살아왔는지 모른다. 실역 복무와 육체노동도 경험하지 못했을 뿐더러, 존경받는 스승도 되지 못했다. 문학의 아름다운 그림자, 학문적 이론의 환각을 좇았을 뿐이었다. 나와 그는 서로 다른 삶을 살다 보니, 20년 정도 소식이 끊어졌다. 우연한 기회에 다시 만났고, 이 이후 늘그막 삶의 우정을 맺고 있다.

> 허허벌판 자갈밭 둔덕 마른 풀숲
> 늙은 호박 하나 앉아 있다
> 두엄더미나 뒷간 지붕을 넘어
> 죽은 고욤나무 가시철조망도 아랑곳없이
> 실낱같은 손아귀로 움켜잡고 휘감아 오르던
> 그러나 이제는 마른 덩굴마저 작파한
> 늙은 자궁이 서리 뒤집어쓴 채
> 고요히 가부좌를 틀고 있다
> 삼매에 드신 관음처럼

조 시인이 내륙의 산촌 출신임에도 그에게 바다와 섬과 어물을 소재로 한 시들이 있는 것처럼, 독실한 기독교인이면서 불교적인 친연성이 있는 글감의 시편들도 뜻밖에 창작했다. 그의 목소리 톤은 나직하면서 한결같지만, 그가 쓴 시의 음폭은 결코 좁아 보이지 않는다. 생각의 폭이 좁지 않음을 반증한다고 할까?

  인용한 시편 「늙은 호박을 보며」(부분)를 보면, 그의 시가 정지용의 화려하고 감각적인 수사보다, 백석 유의 낮지만 옹골찬 심상을 거느린 시어들을 연상시킨다. 그의 시와 삶 역시 늙은 호박 같은 삼매(三昧)에 접근한다. 시인의 마음에 집중적인 마음의 상태가 없다면, 감히 '삼매'라는 낱말을 떠올릴 수 없었을 것이다. 끝으로, 그의 건강과 건필을 기원한다.

다시올 시선 065

비자(榧子)의 눈물

초판인쇄 2025년 5월 15일
초판발행 2025년 5월 20일

출판등록 | 제310-2007-00028

지은이 | 조영환
발행인 | 김영은
펴낸곳 | 다시올

주 소 | 서울 노원구 광운로 32, B01호
전 화 | 031-836-5941
팩 스 | 031-855-5941
메 일 | maxim3515@naver.com

ⓒ 조영환, 2025

ISBN 978-89-91702-22-4 03810

정가 12,000원

* 파본은 본사나 구입하신 서점에서 교환해 드립니다.